NACHTRAG NACH MEINEM BUCHVERZEICHNIS 2017 BIS 2023

TEIL 2

-----------------------------------------------------------------------------------

VON GERD STEINKOENIG

------------------------------------------

.

VORWORT

Lebenscollage 25.10.2023! Die letzte Lebenscollage war 2019 (zB ISBN-Buch "Danach" von mir, 2019). Heute, Herbst 2023 eine neue GS-Lebenscollage mit Futterchen, Wasserchen, Kuckucksnest, Medizin, Genesis, Pink Floyd, Hotel California, Schulbuch etc...

LIVE AID
LEBENS COLLAGE
GS
LP 25.11.2023
by Gerd Steinkoenig

KAPITEL 1 - ZUKUNFT

ZUKUNFT MIT POSITIVEN LÖSUNGEN

1 Kurzfristige Zukunft

Meine schxxx 49 Euro-Bahncard (long history, lach, "heute-show" hab ich real durch die Deutsche Bahn)

Meine Mutter: Ich hoffe, alles wird gut, aber... "Nur" Verwirrung wegen Klinik-Hektik/zweiter Schlaganfall (Gott sei Dank diesmal klein). Oder doch Richtung Alzheimer? Sie weiß definitiv nichts von der Welt! Und ich hab noch einen Pappenheimer: mein ominöser Cousin - gegebenenfalls hätte ich ja meine Anwältin...

Meine möglichen Veränderungen mit Tagestätigkeiten, Motivation, Ernährung, Sport, wieder wie 2018 (das erste komplette Jahr nach meinem Schlaganfall) mehr Power für meine weitere positive Gesundheit und Energie! Und wirklich TUN! Stück für Stück - und wegen Mutter für meine Gesundheit und Ruhe meine egoistische Gesundheit.

2 Langfristige Zukunft

Irgendwann womöglich könnte ja sein, Einfahren in ein Seniorenheim! Natürlich nicht! Denn ich bin nicht reich, also nur eine Holzkascheme und die Einwohner haben keine Würde, keine Ehre. Ich weiß  Bescheid, ich hab in einem Seniorenheim gearbeitet... Am Besten neue positive Lösungen mit betreutes Wohnen, Generationenhaus etc! Aber wenn wider erwartet ein 2. Schlaganfall käme oder Demenz? Und dann doch in so einer Armenhaus-Seniorenkascheme? Ich bin der Boss und ich hab meine positiven Energien - auch 2030 oder 2036 in so einer Situation. Denn ich hab immer meinen Freigeist, Kampf!

Ach ja und nochmal Mutter - sie wird bestimmt 100...

C P Gerd Steinkoenig  21. Oktober 2023


KAPITEL 2 - MUTTER

Mutter Teil 2: vorhin konnte ich endlich mit ihr telefonieren! Sie hat zwar Fortschritte, aber sie ist total hilflos und ein bisschen verwirrt. Und dieser Cousin - sogar Mutter meinte, das der Cousin nervt! Die Härte ist: der Typ hat seine Mutter verloren und nervt aber meine Mutter! Na ja, wegen Erbe, hätte ich eine gute Anwältin... Ihr Arzt hat mittlerweile es geschnallt, das ich DER Sohn bin... Eine Art Happy End... Und immer wieder für meine egoistische Gesundheit!! Denn mit meiner Mutter ist natürlich Sorge, Gefühl, Liebe, Generv...

C P Gerd Steinkoenig 24. Oktober 2023


Endlich Happy End mit Mutter! Der Cousin hatte mich vorhin angerufen. Deadline ist am 8. November 2023! Dann fliege sie zurück nach Fuerteventura. Die spanische Pflegerin (eine Bekannte) fliegt nach Deutschland, damit Mutter fliegen kann. Der Cousin meinte, ihr ginge es besser, hat gute Fortschritte. Das glaub ich sogar, denn sie kann ja schon am 8. November aus der Klinik entlassen. (25.10.23)

Nachtrag dazu (26.10.23):  im Nachhinein hatte ich ein bisschen Sinnkrise! Wieder "schwarzer Tunnel! in meinem Schlaganfall-Gehirn... Gute fb-Freunde wie Barbara v. L. konnten mich sogar verstehen - ind ich will ja nicht gleich aufs Erbe zu geiern. Außerdem: SIE LEBT!! Tatsächlich war der Cousin dann ok, womöglich hat er insgeheim auch mir geholfen. Natürlich "ohne Gewähr".


KAPITEL 3 - LYRICS

2 Tage

.

BILD-Zeitung vom 23.10.2023

Gestern war "Tatort" mit Ulrich Tukur

Der beste "Tatort" seit Jahren für mich

(Wie immer mit Ulrich Tukur)

Fantasievoll, intelligent, über den Horizont

Mit neuen Synapsenkreativitäten für mich

Das geht natürlich gar nicht mit BILD

Headline: "Tatort nur noch plem-plem"

Denn für BILD sind Gartenzwergekleinbürger

Für BILD sind zu viele Rentner-Schlechtmenschen

Siehe BILD-Leserbriefe...

Ohne Fantasie, Hauptsache BlaBla-Krimi ala 1973...

...bei den BILD-Nationaldeutschen

Bei "TV Pur" ist Höchstwertung mit

"Außergewöhnlich gut, originell und gewitzt"

Wahrscheinlich bei vielen gut - außer BILD

Aber es ist typisch mit BILD

Es war immer Boulevard, Yellow Press

Aber jetzt ist totale Propaganda

Seit Julian Reichelt ist "Völkischer Beobachter"

Mit Bild-TV,  Werbezeitung für Bild-TV

Die neue Chefredakteurin ist Marion Horn

Ist auch so politisch drauf wie Reichelt

Immer Gehirnwäsche, Propaganda

Immer Bashing gegen Grüne, SPD, Linke

Immer Lob für Söder, Union, FDP

Was war noch mit BILD 23.10.2023:

Finanzexperten zerlegen Bürgergeld

(Man bräuchte nur mehr Lohn, aber bei BILD ist nix)

"Beton-Sozialistin" (BILD-Zitat) Wagenknecht

Flüchtingszahl zu hoch

Wie immer mit der BILD-Zeitung

Aber der Feind hört mit - also lese ich...

C P Gerd Steinkoenig  Gerd F Steinkoenig  Gerd Gerd

23. Oktober 2023


4 Tage

.

UNGETRÄUMTE TRÄUME

Fotografiert in die "Etepetete"-Gegend von Annweiler

Erinnerungen an idyllischen Familienhäusern

Ungeträumte Träume - nur Erinnerungen von 1973 oder 1982

"Unerlaubt" in der Straße - eine meinte: was wollen Sie...

Was ich 1973 oder 1982 oder 2005 träumte...

Was war? Nix! Wer hätte das gedacht von 2021?

Kein Elternhaus! Wahrscheinlich kaum Erbe!

Ich bin zu geil für diese Welt!

Weil ich an Liebe, Gott, Leben glaube

Meine Seele ist unsterblich

Trotzdem meine egoistische Gesundheit

Wegen egoistische, kranke Mutter

Ungeträumte Träume verwirklichen können

Ungeträumte Träume entwickeln, träumen

Ungeträumte Träume mit Plänen und Zielen

Ungeträumte Träume mit positiven Lösungen

Das Leben ist eine Pralinenschachtel

Das Leben ist eine große Herausforderung

Das Leben ist eine Zeitreise

Das Leben ist eine große Kunst

C P Gerd Steinkoenig  Gerd F Steinkoenig  Gerd Gerd

21. Oktober 2023

5 Tage

.

MOND

Ewige Faszination Mond

Bis der Mond auf die Erde stürzt

In gut 4 Milliarden Jahren

Mondsüchtig nach Gefühlen, Zeiten

Drumherum zeitlose vertraute Sterne

Mondleuchten auf Häuser und Bäume

Der Mond schaut auf die Erde

Und sieht paralell zeitgleich viele Geburten

Und sieht paralell zeitgleich viele Gestorbene

Der Mond beobachtet die Menschen

Mit Liebe, Familien, Freunden, Freuden

Mit Krieg, Gewalt, Terror, Macht

Mein "Mad Man Moon" steht still und leise

Ob 78, 1026, 1618, 1789, 1959 oder 2023

Der Erdtrabant schützt ihre Erde

C P Gerd Steinkoenig  Gerd Gerd  Gerd F Steinkoenig

20. Oktober 2023


LIEBE LOVE - NUR EIN MENSCHKÖRPERGEFÜHL?!

Was ist Liebe?

Oder Schwärmerei? Oder Gewohnheit?

All You Need Is Love

Liebe zu Menschen, bei mir

NATÜRLICH FRAUEN!!

Liebe (siehe Foto) ist auch MUSIK!

Ich liebe Tiere, ich liebe Natur

Ich liebe moi Katzemäädsche (R.I.P 2021)

Ich liebe alle weitere Haustiere

Von Manson, Devilinchen, Jodie, Schnuffel etc

Ich liebe die Südpfalz! Ich liebe Liverpool FC!

Ich liebe meine TV-Serien, Filme

Ich liebe Nastassja Kinski & Jennifer Aniston

Aber ist das alles Liebe?!?

Ich will keine Westpfalz mehr!

Ich will bestimmte Bands & Serien nicht mehr!

Ich liebte mal eine gewisse Frau -

Jetzt hasse ich diese Frau!

Ich liebe meine Bücher, Printmedien

Ich liebe meine Hobbies

Von Fotografie bis meine ISBN-Bücher!

Was ist Liebe? Ich liebe mein Leben!

Ich merke gerade, ich liebe vieles

Von Genesis, Beatles bis Pink Floyd

Von Neil Young, Kate Bush bis Sade

Von Led Zeppelin, The Police bis U 2

Ich hasse Nickelback, Red Hot Chilli Peppers

Ich hasse Ungerechtigkeit, Unfreiheit, Zwang

Ich liebe Liebe, Freiheit, Zweisamkeit

Ich liebe meine Eltern -

Ich hasse meine Eltern!

Was ist wirklich Liebe?

Nur ein zeitgeistiger Zustand?

Nur ein chemisches Menschkörper-Gefühl?

Aus Liebe wird Verachtung?

Moi Katzemäädsche ist meine einzige Treueliebe!

Waren meine Freundinnen wirklich Liebe?

Oder natürlich doch! Aber später dann nix?

Keine Ahnung! Lieber Gott, sag mir bitte

WAS IST LIEBE?!

CP Gerd Steinkoenig  Gerd F Steinkoenig  Gerd Gerd

16. Oktober 2023


SONNTAG IM HERBST

Es gibt wirklich Liebe

Sogar im Jahr 2023

Sonntag im Herbst

Melancholie, Gedanken

Liebe als ich 19, 23 oder 30 war

Liebe kann ich auch 55 oder 63 sein

Sonntag im Herbst

Vielleicht bin ich Außen Vor

Vielleicht bin ich nicht Mitten im Leben

Vielleicht mehr Power, Pläne, Ziele

Neue Wege in meinem zweiten Leben

Es gibt wirklich Liebe

Sonntag im Herbst

Vielleicht hab ich Liebe mit 78 oder 82

Es gibt kein Alter mit Liebe

Immer Vertrauen, Verständnis, Seele

Geborgenheit, Zweisamkeit, Treue

Sonntag im Herbst

Und meine Selbstliebe

Für Selbstvertrauen, Vernunft, Liebe

Für Gesundheit, Tätigkeiten, Sport

Für meine Gegenwart in meine Zukunft

Sonntag im Herbst

Es gibt wirklich Liebe

Kreativität, Idealismus, Lebensfreude

Good Vibrations in Love

Auch 2023, trotz Kriege, Egoismus

Rassismus, Macht, Gier

Lieber mit Gerechtigkeit, Love & Peace

Meine positiven Energien, Entwicklungen

Unsere Freiheit, Freundschaft, Liebe

Sonntag im Herbst

Es gibt wirklich Liebe

C P Gerd Steinkoenig  Gerd F Steinkoenig  Gerd Gerd

15. Oktober 2023


KAPITEL 4 - MUSIK

11. Oktober um 17:08

.

Das Jahr 2234! Inventur aus dem uralten 20. Jahrhundert mit der komischen, damaligen Musik! Sie machen eine Liste von NUR EIN Album von einer Band/Musiker! Immer noch Sakrileg - nur EIN Album von den Beatles... Das haben sie 2234 gelistet:

Sgt. Pepper... (The Beatles), The Dark Side Of The Moon (Pink Floyd), Joe's Garage Act One (Frank Zappa), The Album (Abba), Thriller (Michael Jackson), Heroes (David Bowie), Selling England By The Pound (Genesis), Diamond and Pearls (Prince), Rust Never Sleeps (Neil Young), Born In The USA (Bruce Springsteen), Like A Prayer (Madonna), Back In Black (AC/DC), Machine Head (Deep Purple), Songs In The Key Of Life (Stevie Wonder), Kind Of Blue (Miles Davis), A Love Supreme (John Coltrane), Goodbye Yellow Brick Road (Elton John), Actually (Pet Shop Boys), It Serves You Right To Suffer (John Lee Hooker), Over The Hump (Kelly Family), Killing Me Softly (Roberta Flack), The Song Remains The Same (Led Zeppelin), The Kick Inside (Kate Bush), The Rat Pack (Frank Sinatra, Dean Martin, Sammy Davis jun), From Elvis To Memphis (Elvis Presley), Black Celebration (Depeche Mode), So (Peter Gabriel), All N All (Earth Wind & Fire), Golden Decade 1955-1965 (Chuck Berry), Minstrel In The Gallery (Jethro Tull), Ghost In The Machine (The Police), Love Over Gold (Dire Straits), Bad Girls (Donna Summer), Saturday Night Fever (Soundtrack), Dirty Dancing (Soundtrack), Easy Rider (Soundtrack), Blue Lines (Massive Attack), Dummy (Portishead), Master Of Puppets (Metallica), Celebrate (Kool & The Gang), Tres Chic (Chic), Diamond Life (Sade), Appetite For Destruction (Guns N Roses), Greatest Hits (Simon & Garfunkel), Reckless (Bryan Adams), The Joshua Tree (U 2), Paris (Supertramp), Billion Dollar Babies (Alice Cooper), What's Going On (Marvin Gaye), Apocalypse Now (Soundtrack), Rocky IV (Soundtrack), Private Dancer (Tina Turner), Aftermath (Rolling Stones), Shaft (Soundtrack).... Ups, das wars! Im Jahr 2234 iss sonst nix mit Musik aus dem komischen 20. Jahrhundert! Viele Juwelen vergessen! Viele Alben von den Beatles oder Genesis vergessen.... Schall und Rauch... Musikkunst vergessen...

C P Gerd Steinkoenig  11. Oktober 2023

6 Tage

.


30 ALBEN AUS MEINER PLATTENSAMMLUNG!

(Zahlen nur als Aufzählung) MAYBE BEST!

1 BBC Broadcasts (Genesis)

2 Ultimate Collection (Genesis)

3 Echoes-The Best of (Pink Floyd)

4 The Dark Side Of The Moon (Pink Floyd)

5 Made In Japan  (Deep Purple)

6 Untitled  (Led Zeppelin)

7 Hotel California (Eagles)

8 A Night At The Opera (Queen)

9 Paris (Supertramp)

10 Love Over Gold (Dire Straits)

11 The Best of British Rock (VA)

12 75 Super Oldies (VA)

13 Automatic For The People (R.E.M)

14 Nevermind (Nirvana)

15 Unplugged In New York (Nirvana)

16 Harvest (Neil Young)

17 Greatest Hits (Neil Young)

18 Stimme der Sehnsucht (Alexandra)

19 Biscaya (James Last)

20 The Album (Edith Piaf)

21 Kind Of Blue (Miles Davis)

22 1967-70 (The Beatles)

23 American Idiot (Green Day)

24 Aqualung (Jethro Tull)

25 Curtain Call (Eminem)

26 The Kick Inside (Kate Bush)

27 The Very Best Of (Prince)

28 Gold (Donna Summer)

29 Live (AC/DC)

30 Use Your Illussion  I & II (Guns N Roses)

C P Gerd Steinkoenig  Gerd Gerd  Gerd F Steinkoenig

19. Oktober 2023

LOVESammlung-Wandschmuck! Ich hoffe, Ihr könnt es sehen als Love! C P 19.10.2023 by GFS

Habt Ihr noch Verwandte und/oder Eltern aus den 1930ern, 1940ern Jahren? Das wäre auch 2023 gut: 1. Besser als Helene Fischer... 2. Früher war mehr Lametta mit mehr Niveau, Melodien, Etikette! 3. Braucht man ja, vor dem WeltkriegIII...

Und wieder Schall und Rauch: wer kennt 2047 noch "Heimat deine Sterne"? Keiner, weil Großvater oder Söhne verstorben sind? Wer kennt noch aus den 1970er Jahren Julia Migenes? Hab ich beim TV oft gehört, und mein Opa hatte Migenes-LPs! Wer kennt 2056 noch die 1950er-Ikone Caterina Valente? Wer kennt 2072 noch The Beatles oder Led Zeppelin?  Die meisten jungen Leute haben auch jetzt, 2023, keine Ahnung von älterer Musik - ich hab 2 Betreuer, beide ca Baujahr 1989, die Eine kennt nur 2 Songs von den Beatles, der Eine hat wenigstens Interesse, aber... Ich muss auch wirklich sagen, das die Beiden wirklich hören durch mich von I Like Chopin/Gazebo (die Eine) bis Harvest Moon/Neil Young (der Eine)... Ja, Mensch, Umfrage: Wer kennt "Heimat Deine Sterne"?!? Mit YouTube kann man ja alles machen - aber wenn keiner dies und das nicht clickt?...

C P Gerd Steinkoenig  25. Oktober 2023

Heimat deine Sterne

YOUTUBE.COM

Heimat deine Sterne


KAPITEL 5 - LIEBE

Der Film ist aus den 1940ern! Diese Rede müsste jeder Mensch hören, jeder Machtpolitiker müsste es hören! Dann hätten wir keine Kriege! Die jungen Leute hören das nicht: zu viel S/W, zu viel alt, keine Action, kein Hip Hop, die jungen Leute müssten zu viel denken...

Charlie Chaplin - Die Rede aus dem Film "Der große Diktator" (Deutsch)

YOUTUBE.COM

Charlie Chaplin - Die Rede aus dem Film "Der große Diktator" (Deutsch)

• Click here for the original English version: https://youtu.be/J7GY1Xg6X20• Subscribe to our channel: http://bit.ly/TheChaplinFilms• Get it on iTunes: http:...


Mein you tube-Kanal! SMOKE war meine 5teilige Musikshow für OK-KL-TV! Lang ist's her... Auch wie ich drauf war - ganz anders als heute... Und weitere GS-Videos in der Collage! 25.10.2023

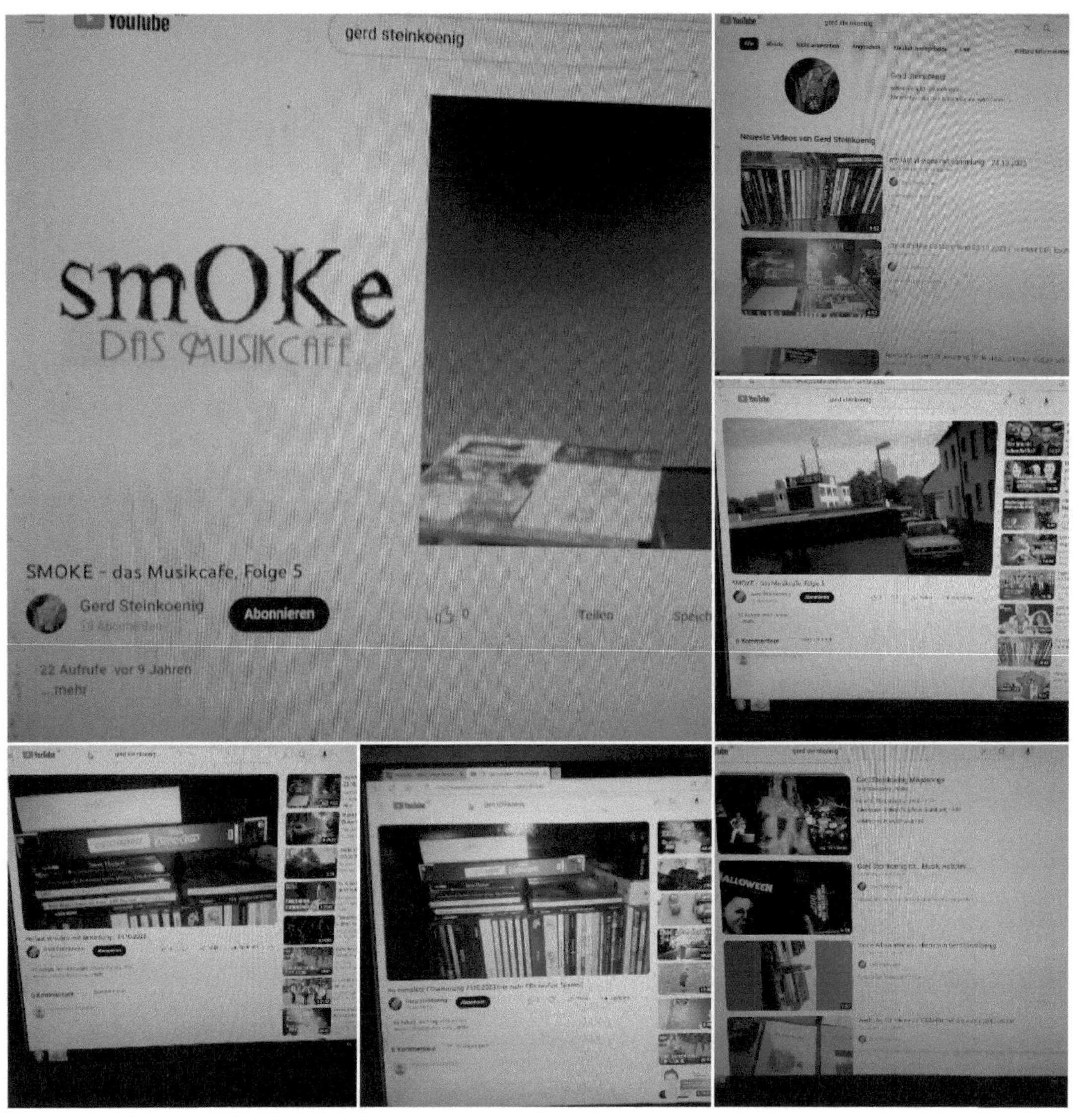
YouTube
gerd steinkoenig
smOKe
DAS MUSIKCAFÉ
SMOKE – das Musikcafe, Folge 5
Gerd Steinkoenig
Abonnieren
Teilen
22 Aufrufe vor 9 Jahren
...mehr

LIFE ISN'T ABOUT WAITING
FOR THE STORM TO PASS.
IT'S ABOUT LEARNING HOW
TO DANCE IN THE RAIN.
SCHULZ

Wieder BuchAuswahl by GS (Collage 21.10.2023), In der Mitte soll oben G sein, unten S sein... Rechts und links Rahmen. Oder so ☺

## KAPITEL 6 - ZEITGEISTSERIEN

### TV-SERIEN, THE BEST TOP 10

Natürlich brauch ich 179 Serien, hahaha... Bei meinen diversen ISBN-Büchern waren ab und zu mal mit meinen TV-Serien-Kapiteln. Natürlich mit Favoriten - und mal wieder vergessen... Diesmal meine ultimative Top 10 meiner TV-Serien mit Kommentaren (Stand: 25.10.2023, 18:31h, lach...)

Zahlen nur als Rehenfolge, keine Plazierungen:

1 Miami Vice (80er Ikone, meine ultimative Zeitreise-Serie, mit 80er Soundtrack, Ferrari, Phil Collins, Miles Davis, Brothers In Arms, Crocketts Theme, geile Klamotten, 1980er)

2 Der Kommissar (die BRD-Serie 1969-1976, Ur-Mutter der ZDF-Freitagskrimis, durch Der Kommissar kam später ARD-Tatort & DDR-Polizeiruf 110, Erik Ode, Fritz Wepper, Lobo, BRD-Zeitgeist)

3 Tatort: Schimanski Duisburg (BRD-Zeitgeist aus den 80ern, Erfindung der BRD-Krimis durch Götz George, Der Pott, Manila, Midnight Lady)

4 Star Trek-Deep Space Nine (es gibt viele Star Trek-Serien, aber DS 9 ist viele Lebens-Spezies, Krieg, Frieden, Humor, Ferengi Quark...)

5 Babylon 5 (auch eine Raumstation, auch Krieg und Frieden und viele Lebens-Spezies, aber viel mehr Philosophie, Religion)

6 Die Straßen von San Francisko (1970er Krimi-Ikone - wie auch die Krimiserien Einsatz in Manhattan, Columbo, Cannon - Michael Douglas, Karl Malden, die Hügel von San Francisko mit Straßenkreuzern)

7 Twin Peaks (das ultrageilste Serien-Intro ever, weinender Polizist, schwarzer Kaffee mit Kirschkuchen, Laura vorallem Laura)

8 Akte X (Scully & Mulder, the CigaretteMan, Außerirdische, da draußen Mulders Lösung, 90er Zeitgeist)

9 Babylon Berlin (Die teuerste deutsche Serie Sky/ARD, 1929-1931, 4 Staffeln aus 3 Romanen)

10 Dallas (muss dabei sein: 1980er, JR Ewing, Pam, Sue Ellen, Cliff Barnes, die Erfindung des Cliffhangers)

C P Gerd Steinkoenig  Gerd F Steinkoenig  Gerd Gerd

25. Oktober 2023


KAPITEL 7 - FOTOS DES AUTORS

Siehe dazugehörigen Video zu LOVE-Sammlung: Meine ISBN-Bücher (L), CDs (O), DVDs/Videos (V), Vinyl-Singles (E), 17. Oktober 2023 (Video: facebook)

Meine Schrift 1979... Mein damals 81. Album...

Landau in der Pfalz 17.10.2023 (später nochmal aufgepimpt mit Photo Mania mit S/W - was ja eh S/W ist im Buch, aber eigentlich Farbe)

ESCHER

PhotoMania

ART BRUT
SPÄTER OHNE BUCH
DIE STORY VON POPULÄRER MUSIK
Mitte des Menschen
Kirschblüten, Vollmond, Zeitoasen
Buchverzeichnis mit meinen 52 ISBN-Büchern 2017 bis 2023
Love is all we need.
Gerd Steinkoenig
Mein Nachtrag nach meinem Buchverzeichnis 2017 bis 2023
Ein Buch über meine rebellische Philosophie
RATHAUS

S/W Collage Oktober 2023

PhotoMania

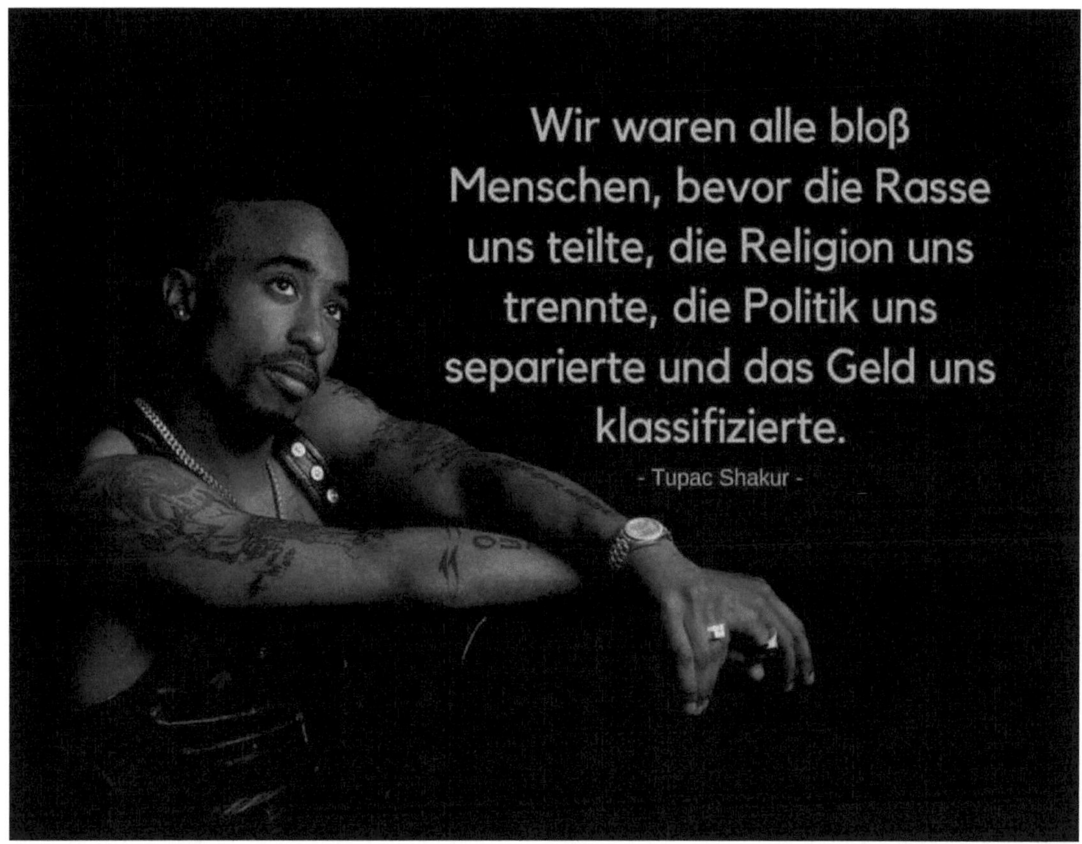
Wir waren alle bloß
Menschen, bevor die Rasse
uns teilte, die Religion uns
trennte, die Politik uns
separierte und das Geld uns
klassifizierte.
- Tupac Shakur -

Lieber ein "Spinner" sein,
der vom Weltfrieden träumt,
als ein bequemes Arschloch,
das den Krieg akzeptiert...
Freiheit der Gedanken

I just want to be alone...
Okay...
I'll be alone with you
purrrr
@iizcat

NACHWORT

Greetings an Frau Wittmer, Frau Engel, Frau Schwind, Stefan Renner, Romina K, meine Mutter, Frau Schulze-Haase, der Logo von der Klinik Alzey, mein Ergo Mi Ko, an allen ÄrztXinnen und PflegerXinnen, mein Vater, mein Großvater, mein Cousin, mein Opa & Oma, meine Tante & Onkel, meine Freundinnen von Marina B bis Dorothea P bis Guiseppa A etc, meine Freunde von Jürgen S bis Michael K bis Roland N etc, Special Loves an meine "Queen" Silke Köhler & Christina "Fallen Angel" Waltl! Yo, das war´s!

Der letzte Nachtrag, mein letztes Buch, mein Leben in all meinen Büchern von 2017 bis 2023!

© 2023 Gerd Steinkoenig
Herstellung und Verlag: BoD – Books on Demand,
Norderstedt
ISBN: 9783758303135